Inhalt

Unseren Kindern Tamarica und Cosmea Desirée sowie in Erinnerung an zwei ungewöhnliche Freunde, unseren Eselhengst Toni und den Ganter Merlin.

Brunnenstraße 7, D-34286 Spangenberg
Tel.: 05663-280, Fax: 05663-6562
E-Mail: fischer-nagel@t-online.de, URL: www.fischer-nagel.de

Fotos Seite 12 bis 15 Dorothy Morris A.R.P.S.
Alle übrigen Fotos und Layout: Andreas Fischer-Nagel
Druck: optimal media, Röbel

ISBN: 978-3-930038-92-3

Heiderose und Andreas Fischer-Nagel

Kluge Esel

Verlag Heiderose Fischer-Nagel

Esel – schon vor Jahrtausenden beliebt

„Du blöder Esel!", tönt es voller Verachtung draußen auf der Straße. Ob da wohl jemand wieder etwas ganz Dummes angestellt hat? Für die meisten Menschen ist der Esel ein dummes Tier, das zudem störrisch und bockig ist. Dabei stimmt das gar nicht! Esel sind vorsichtig, schlau und haben Charakter. Sie sind gutmütig und liebenswert, kuschelig und weich. Esel lassen sich hätscheln und streicheln. Inzwischen machen manche Leute in den Ferien zur Entspannung Wanderungen mit Eseln, die nämlich wunderbare »tierische Therapeuten« sind.

Esel gehören zu den ältesten Haustieren des Menschen. Vor ungefähr 6 000 Jahren wurden im Unteren Niltal in Afrika aus dem dort heimischen Nubischen Wildesel zum ersten Mal Hausesel gezüchtet, die Vorfahren unserer Hausesel. Vor etwa 4 000 Jahren kamen Esel dann auch nach Europa.

Wildesel (wie die kleine Herde unten) haben wie Zebras eine Streifenzeichnung an den Beinen. In der Natur sind sie fast vollständig ausgerottet worden. Man kann sie aber noch in Zoos und Nationalparks finden.

In Ägypten wurde der »böse« Gott Seth mit einem Eselkopf dargestellt. Er galt als Widersacher des freundlichen Sonnengottes und wollte dessen Fahrt in der Sonnenbarke auf dem Nil verhindern.

In der griechischen und römischen Mythologie stehen Esel für Fruchtbarkeit. Man erzählt sich von Kentauren, den Mischwesen aus Mensch und Esel oder Pferd.

In der Bibel ist der Esel ein wichtiger Begleiter: Einer stand an der Krippe des neugeborenen Jesus; auf einem Grautier floh Maria mit dem Jesuskind nach Ägypten, und später zog Jesus selbst am Palmsonntag auf »Gottes sanftmütigem Lieblingstier« in Jerusalem ein.

Eselsohren wurden dem König Midas zur Strafe an den Kopf »gezaubert«, weil dieser als Schiedsrichter bei einem musischen Wettbewerb lieber einem Flötenspiel des Marsyas zuhörte als dem wunderbaren Saitenspiel des Gottes Apollon, den man auch den »Eselartigen« nannte.

In Asien nutzte man Esel, um seltsame Heilmittel herzustellen, sodass es zu einer großen Bestandsverringung der Esel kam.

Esel begegnen uns in Fabeln und Märchen. Am bekanntesten sind bestimmt die von den Brüdern Grimm: »Tischlein deck dich, Goldesel streck dich, Knüppel aus dem Sack« *(Bild rechts)* und die »Bremer Stadtmusikanten«, *(4 Bilder des Märchens unten)* von denen du vor allem in Bremen auch verschiedene Standbilder und Malereien finden kannst.

Brüder Grimm Gg. Mühlberg pinx
Tischlein deck dich

Im Mittelalter stellte man aus Eselhaut Pergamentpapier her, nutzte die Tiere als Fleischlieferanten, Trag- und Reittiere. In Frankreich, Italien und Spanien wurden ihnen zu Ehren sogar Eselfeste gefeiert.

Brüder Grimm Die Bremer Stadtmusikanten O. Herrfurth pinx

Brüder Grimm Die Bremer Stadtmusikanten O. Herrfurth pinx

Brüder Grimm Die Bremer Stadtmusikanten O. Herrfurth pinx

Brüder Grimm Die Bremer Stadtmusikanten O. Herrfurth pinx

Und heute?

Esel sind immer noch Nutztiere. In Teilen der Welt blieben sie wichtige Lastenträger. Die genügsamen Esel kommen länger als Pferde ohne Wasser und Futter aus, sie sind schwindelfrei im Gebirge.

Eselmilch wird getrunken und zu wertvollen Kosmetikprodukten verarbeitet, ihr Fleisch teilweise zur Salamiherstellung verwendet.

Heute gewinnen Esel auch als Begleiter bei Trekkingtouren sowie als Herdenschutztiere an Bedeutung. Sie sind sehr aufmerksam und schreien fürchterlich, wenn sich Raubtiere wie Luchs, Wolf oder Hund anderen Weidetieren nähern.

Eselkarren begegnen uns mitten in südlichen Städten, zwischen Autos und Bussen. Ganz ruhig bleiben die geduldigen Tiere im hektischen Verkehr.

Mit »Eselsgeduld« leisten sie auch auf dem Land harte Arbeit. Ein bisschen Gras, ein bisschen Heu und Wasser sind der bescheidene Lohn für die gutmütigen Schwerarbeiter.

Eine Herde bunter Esel

Obwohl Esel immer mehr Bedeutung als Freizeittiere bekommen, entdeckt man richtige Eselherden eher selten.
Vor allem denkt man gar nicht, wie bunt Esel sein können. Sie sind nämlich nicht nur grau in allen Schattierungen, sondern auch braun, weiß oder gar gescheckt. Wir haben uns eine niedliche kleine Stute mit gleichmäßig hellgrauem Fell und schwarzem Aalstrich auf dem Rücken ausgesucht, unsere Grisella.

Ein toller Hengst

Auf der großen Weide hinter unserem Haus stolzierte bisher nur ein Hahn mit seinen vier Hennen umher. Oft gesellten sich unsere Katze und unser Dackel zu ihnen. Nach Grisellas Einzug konnte man schon fast meinen, die Bremer Stadtmusikanten seien hier zu Hause! Grisella konnte es mit all unseren Tieren bestimmt nicht langweilig sein! Trotzdem erklang manchmal ein lang- gezogenes, klagendes »I-ah, I-ah« durch unser Tal. Fühlte sich Grisella vielleicht doch einsam? Wir zögerten nicht lange, als uns ein Bauer aus der Nachbarschaft im Spätherbst einen Eselhengst anbot. Toni *(rechts)* war unge-

fähr so groß wie Grisella, nur sein Kopf war dicker und breiter. Sein Fell fühlte sich an wie Seide.
Er schaute uns aus großen, tiefbraunen Augen ganz sanftmütig an. Es war »Liebe auf den ersten Blick«.
Wir waren sehr gespannt, wie sich Grisella verhalten würde, wenn wir Toni zu ihr auf die Weide führten. Ob sie sich freuen würde? Zunächst waren wir sehr enttäuscht. Toni versuchte zwar immer wieder, ihre Aufmerksamkeit zu gewinnen und sie zu beschnuppern, aber Grisella beachtete ihren neuen Gefährten überhaupt nicht und wich ihm aus. Das änderte sich sofort, als die Stute »rossig« wurde.

Vielleicht hast du schon einmal gehört, dass Katzen »rollig« werden oder Hündinnen »läufig«. Rossig, rollig, läufig – das bedeutet die Bereitschaft zur Paarung mit einem männlichen Artgenossen. Bei Eselinnen ist es in der Regel alle drei Wochen der Fall. Im Frühjahr sind die »Rossen« jedoch am stärksten. Jetzt wehrte Grisella Tonis Annäherungsversuche nicht mehr ab!

Erfolgreiche Paarung

Grisella war aufgeregt. Sie kaute, biss in die Luft und spuckte. Gleichzeitig lief sie rückwärts auf Toni zu. Der schrie laut und nahm erst mal Reißaus!
Das Ganze wiederholte sich, bis Grisella stehen blieb. Toni richtete sich auf den Hinterbeinen auf, bestieg Grisellas Rücken und hielt sich mit den Vorderbeinen fest. Mit der Paarung wurde Grisella trächtig. Wir konnten auf ein Eselfohlen hoffen.

In der ersten Hälfte der Trächtigkeit sahen wir Grisella überhaupt nichts an. Sie war gemütlich und sanft wie immer und wanderte nun mit Toni einträchtig über die Weide. Ihr Appetit hatte aber enorm zugenommen. Nach etwa neun Monaten wurde sie zusehends runder. Sie bewegte sich schwerfällig und ruhte sich öfter aus. Ganz vorsichtig wanderte sie durchs nasse Gras und vermied besonders rutschige Stellen auf der Weide. Am liebsten blieb sie jetzt im Stall oder in dessen Nähe.

Momo wird geboren

Es ist so weit. Zwölf Monate sind seit der Paarung vergangen. Grisellas Euter ist jetzt dick angeschwollen. Eines Tages bemerken wir, dass es aus den zwei Zitzen tropft oder »harzt«, wie man das auch nennt.
Dies ist der deutliche Hinweis darauf, dass die Geburt bald stattfinden wird.

In regelmäßigen Abständen gehen wir nun hinaus und schauen nach Grisella. Obwohl es eine warme Nacht ist, hat Grisella für die Geburt den Stall vorgezogen.
Sie steht in einer Ecke und macht ein kummervolles Gesicht. Vorsichtig befühlen wir ihren Bauch. Bewegt sich da etwas? Ist es das Fohlen, das im Bauch ausschlägt? Oder hat Grisella womöglich Bauchkrämpfe - eine Kolik? Das wäre nicht nur schmerzhaft für sie, sondern vielleicht auch sehr gefährlich!
Kurz danach geht es ihr aber schon wieder besser – sie knabbert sogar etwas Heu. Ungefähr zehn Minuten später geht es wieder los. Diesmal ist der Schmerz offenbar so heftig, dass sich Grisella plötzlich und unsanft ins Stroh fallen lässt. Sonst war sie in letzter Zeit doch immer so vorsichtig!
Nun haben wir keinen Zweifel mehr:
Das Fohlen kommt zur Welt!

Die Geburtswehen haben eingesetzt. Die Bewegungen im Bauch kommen von den Muskeln, die sich zusammenziehen und entspannen, um das Fohlen aus dem Mutterleib herauszupressen.
Die meisten Säugetiere bringen ihre Jungen nachts zur Welt. Auch Grisella macht da keine Ausnahme: Es ist kurz vor vier Uhr. Die Scheide hat sich gedehnt, und eine dicke »Blase« kommt heraus. Sie sieht aus wie eine mit Wasser gefüllte Plastiktüte. Es ist die Fruchtblase, in der sich das Fohlen im Bauch der Mutter entwickelte. Nun reißt die Fruchtblase auf. Der Kopf des Fohlens und die vorgestreckten Vorderbeine sind schon zu sehen. Dann, nach weiterem Pressen, gleitet das Fohlen in seiner »Verpackung« ganz heraus und liegt im Stroh.

Die Geburt eines Lebewesens ist immer etwas Besonderes!

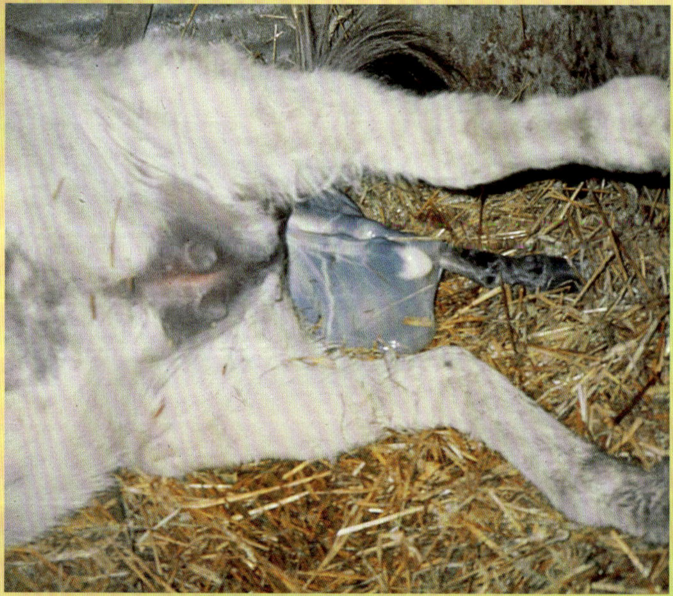

Nur knapp eine halbe Stunde hat die Geburt gedauert. Ein lauter Eselschrei tönt durch die Nacht: Toni verkündet die Ankunft eines gesunden Fohlens. Stolz und aufrecht, mit vor Aufregung geweiteten Nüstern steht er bei seiner kleinen Familie.

Das Fohlen liegt nass und erschöpft im Stroh. Auch die Mutter ist von der anstrengenden Geburt sehr müde. Trotzdem steht sie jetzt auf. Dadurch reißt die Nabelschnur, durch die das Fohlen bis zur Geburt mit seiner Mutter verbunden war, und wird so abgetrennt. Das ist anders als zum Beispiel bei Katzen, wo die Mutter die Nabelschnur durchbeißen muss.
Über die Blutgefäße der Nabelschnur hat das noch ungeborene Fohlen während der Tragzeit die zu seinem Wachstum notwendigen Nährstoffe sowie Sauerstoff bekommen.

Auf wackeligen Beinen

Das Neugeborene ist noch ganz zusammengedrückt und blinzelt erschrocken ins Licht der Stall-Laterne. In Mutters Bauch war es viel gemütlicher und wärmer! Nun ist es kalt und hell, und zum ersten Mal muss das Eselchen aus eigener Kraft atmen! Es nimmt die ersten Gerüche wahr, zunächst den der Mutter: Er wird ihm in nächster Zeit

zur Orientierung dienen. Aus Hunderten von Eselstuten und sogar über weite Entfernungen hinweg kann das Fohlen seine Mutter riechen und finden.
Wir strecken dem Eselchen vorsichtig die Hand hin, damit es sich auch unseren Geruch einprägt und mit uns vertraut wird. Grisella leckt ihr Fohlen sauber und trocken, damit es sich nicht erkältet. Das kleine Wesen mit den langen, zerbrechlich wirkenden Beinchen und dem niedlichen Kopf ist ein gesundes Stutfohlen – ein »Mädchen«. Momo soll das Eselchen heißen! Seit der Geburt ist erst etwa eine Viertelstunde vergangen und schon versucht Momo auf ihre staksigen Beinchen zu kommen. Das ist aber schwierig! Momo gibt nicht auf: Noch ein Anlauf und dann steht sie - so, wie es von Natur aus sein muss,

denn Huftiere sind Fluchttiere. Sie müssen von Anfang an vor Gefahr fliehen können. Zitternd steht Momo da. Dann beschnuppert sie ihre warme Mutter, stupst einmal hier und einmal da in ihre Seite. Sie sucht das Euter. Wie die meisten Eselkinder findet sie nicht gleich die richtige Stelle.
Endlich hat sie es entdeckt und saugt gierig ihre erste Milchmahlzeit.

Esel sind Nestflüchter

Das sofortige Aufstehen nach der Geburt ist dem Fohlen angeboren. Es hat dieses Verhalten, das übrigens alle Huftiere haben, von seinen Vorfahren, den Wildeseln, geerbt. Esel sind Nestflüchter. Ein neugeborenes Fohlen muss gleich mit der Herde weiterziehen können. Schwache bleiben zurück und müssen sterben. So ist das in der Natur. Nur die Stärksten überleben und sorgen für gesunden Nachwuchs! Wildesel sind heute leider sehr selten geworden. Ihr Verhalten und ihre Anlagen leben aber in unseren Haus-

eseln fort. Die Muttermilch trägt viel dazu bei, dass das Fohlen kräftig und widerstandsfähig ist. Sie enthält Abwehrstoffe, die es vor Krankheiten schützt. Bei unserem Hausesel lassen wir sicherheitshalber trotzdem innerhalb von zwölf Stunden den Tierarzt kommen. Er impft das Fohlen gegen die »Fohlenlähme«, eine meist tödliche Krankheit.

Der Tagesanbruch naht. Das Eselchen folgt seiner Mutter hinaus auf die Weide. Liebevoll beschnuppert Toni sein Töchterchen und lässt noch einmal ein lautes »I-ah«› ertönen. Von nun an wird er sorgsam über seine kleine Familie wachen.

Süße Momo!

Am Morgen führt unser erster Weg zum Stall. Wir wollen sehen, ob alles in Ordnung ist. Die kleine Momo steht schon auf der Weide: weich und wuschelig, mit ihrem wolligen Kopfteil, das wie eine Mütze über den Augen aussieht. Unsere Töchter sind begeistert. Tamarica nimmt es vorsichtig in die Arme.

Willst du wissen, wie schwer das Fohlen ist? Momo wiegt vierzehn Kilogramm – etwa viermal so viel wie ein neugeborenes Menschenkind.

Und wie groß ist so ein Eselchen? Momo hat ein Stockmaß von 65 cm: So bezeichnet man die Größe des Tieres vom Boden bis zum Widerrist, jenem Punkt, an dem der gerade Rücken in den Hals übergeht. Die staksigen Beinchen machen allein 50 cm aus! Momos Mutter misst einen Meter.

Momo ist jetzt ganze acht Stunden alt und schon tollt sie munter auf der Weide umher. Im Gegensatz zum Pferdefohlen, das in den ersten zwei Lebenswochen nur Muttermilch trinkt, fängt ein Eselchen schon am dritten Tag damit an, Grashälmchen zu rupfen und zu kauen. Und das, obwohl die Milchzähne noch winzig klein sind. Die bleibenden Zähne wachsen erst zwischen dem vierten und fünften Lebensjahr. Sie werden beim Fressen stark abgenutzt, wachsen aber ein Leben lang nach.

Momos Fell ist inzwischen nicht nur vollständig getrocknet, sondern auch seidenweich und flauschig.

Unter Mutters Aufsicht

Wir beobachten, wie Mutter Grisella die kleine Momo heftig hin- und herstupst. Sie treibt sie über die Wiese und rüffelt mit der Nase in Momos Bauch, dass die Ärmste fast umfällt. Manchmal wird Momo dabei sogar hoch in die Luft gehoben!

Diese scheinbare Plagerei hat einen ganz bestimmten Sinn: Bewegung ist für ein Fohlen lebenswichtig, denn nur so kann die Verdauung richtig funktionieren. Sonst könnte das Eselkind eine Kolik bekommen und müsste vielleicht daran sterben! Damit das nicht passiert, achtet Mutter Esel darauf, dass sich ihr Kind immer fleißig bewegt.
Übermütig versucht Momo der Mutter zu entwischen. Sie jagt herum, bis sie müde wird und irgendwo zum Mittagsschlaf niedersinkt.
Ganz ausgestreckt liegt sie im Gras und ihre zierlichen Hufe bewegen sich heftig im Schlaf. Wovon sie wohl träumt?

Schlau und vorsichtig!

Esel sind umgänglicher als Pferde. Sie sind geduldig und ordnen sich dem Menschen fast bedingungslos unter. Ein Esel braucht auch nicht unbedingt einen Artgenossen, um glücklich zu sein: Hauptsache, er hat Gesellschaft!

Und wie ist das mit der sprichwörtlichen Störrigkeit? Ein gut erzogener Esel ist freundlich und gutmütig. Er macht gerne, was er einmal gelernt hat. Störrisch ist er nur aus Angst oder wenn er überfordert wird. Dann allerdings bringt ihn nichts auf der Welt vom Fleck! Er stemmt die Beine in den Boden und bockt. Pferde gehen durch, wenn sie erschreckt werden - und bringen sich dadurch oft in Lebensgefahr. Ein Esel bleibt dagegen erst einmal stocksteif stehen und wird dann vorsichtig erkunden, ob »die Luft rein« ist und ihm keine Gefahr droht.

Die Ohren des niedlichen Grauchens verraten, wie es gerade gelaunt ist. Hat es

die Ohren zurückgelegt, sollte man besser aufpassen: Vielleicht wird es einen gleich vor Übermut zwicken! Aber keine Angst: Richtig zubeißen wird es höchst selten oder nie. Ist der Kopf gesenkt, ein Ohr vielleicht aufgerichtet und das andere heruntergeklappt, döst Eselchen gerade vor sich hin.

Also, bitte nicht stören! Mit der Zeit sieht man seinem Esel auch im Gesicht an, wie es mit seiner Laune bestellt ist. Er kann hinreißende Gesichter schneiden und die herrlichsten Schnuten ziehen!

Frisch und munter

Munter stapft Momo durch die Wiese. Übermütig blitzen ihre Augen, wenn sie die staksigen Beine herumwirft und in wildem Galopp davonprescht. Sie entfernt sich aber nur kurz von der Mutter. Dann läuft sie zu ihr zurück, als wollte sie sagen: „Das Leben ist lustig, komm spiel mit mir!“ Und schon tollt sie wieder durchs Gras und dreht flotte Kurven.
Sie wirbelt herum, wirft die Hinterbeine in die Luft oder saust mit gesenktem Kopf bockend über die Weide. Gekonnt weicht sie einem Hindernis aus oder bleibt ganz plötzlich stehen, ohne ins Straucheln zu kommen. Bewegung in der frischen Luft macht hungrig! Zwischendurch muss Momo natürlich wieder ihre Milch haben und auch ein paar Gräser rupfen.
Eseleltern kennen keine Langeweile! Immerzu werden sie von ihrem Fohlen geneckt, das sogar versucht, ihnen auf den Rücken zu hüpfen oder sie kräftig in die Seite zu zwicken.

Wir sind eine Herde

Momo zählt auch uns zur Familie. Fröhlich galoppiert sie auf uns zu, knabbert frech an unseren Pullovern oder zwickt uns zärtlich in die Beine. Sie hat es faustdick hinter ihren flauschigen Ohren! Eigentlich will sie uns damit nur zeigen, dass sie uns mag und vertraut. Mit unseren Kindern schmust Momo besonders gern: Die beiden sind ja ebenso groß wie sie! Lisa, unsere Dackelhündin, erregt ihre größte Aufmerksamkeit. Beim Anblick dieses kurzbeinigen Wesens kratzt Momo sich erst verlegen mit dem Huf hinterm Ohr. Dann geht sie neugierig auf das seltsame Felltier zu - nach Eselart ganz langsam und vorsichtig! Jetzt stehen sie Nase an Nase und beschnüffeln sich. Lisa leckt sich vor Aufregung die Schnauze, besonders als Momo ihr heftig ins Gesicht schnauft. Damit ist es dann gut: Die beiden haben Freundschaft geschlossen. Momo saust aufmunternd um Lisa herum. Und ab geht es über die Weide. Lisa flitzt hinterher, so schnell ihre krummen Beine sie tragen.

Regelmäßige Eselwäsche

Der Aufmerksamkeit der fürsorglichen Eselmutter entgeht auch gar nichts! Mindestens einmal täglich ist große Eselwäsche, ob es Momo nun passt oder nicht. Grisella nimmt die Pflege sehr genau und leckt ihr »Riesenbaby« von Kopf bis Schweif gründlich sauber. Da muss man einfach still stehen!
Manchmal ermuntert Grisella Momo, sich im Staub zu wälzen. Sie macht es ihrem Fohlen vor und wälzt sich genüsslich auf einer Stelle, auf der schon kein Grashalm mehr wächst.

Mit heftigem Schnaufen steht sie auf. Damit ist die Körperpflege im Staubbad beendet. Momo hat aufmerksam zugesehen. Jetzt ist sie an der Reihe. Grisella stupst ihr Kind so lange, bis es sich auch hinlegt und wälzt. Wie eingepudert sehen die beiden hinterher aus! Die Staubschicht im Fell schützt sie vor lästigen Insekten.
Höchst selten wird ein Esel im Fluss oder See ein richtiges Wasserbad nehmen. Das müssten Ihm seine vertrauten Menschen erst vormachen! Von Natur aus sind Esel nämlich wasserscheu. Sie trinken deshalb auch meist nur aus Wassertrögen.

Fast erwachsen

Die Zeit, in der Momo als niedliches Fohlen herumspringt, vergeht für uns viel zu schnell. Sie ist jetzt fast ein Jahr alt und schon beinahe so groß wie ihre Mutter. Ihr Fell ist aber noch immer viel flauschiger. Der frechen Eselkinderschnute fehlt noch der sanfte, gutmütige Ausdruck der Erwachsenen.

Momo entfernt sich jetzt oft von ihren Eltern und geht allein auf Entdeckungsreise. Grisella ist auch längst nicht mehr die treusorgende, immer aufmerksame Mutter. Sie stößt Momo sogar weg, wenn diese verspielt näher kommt und mit ihrer Mutter schmusen will. Früher hatten sie zärtlich die Hälse aneinander gerieben, jetzt ist es damit vorbei. Grisella erwartet ein neues Fohlen und will ihre Ruhe haben. Sie weiß ja, dass Momo selbstständig genug ist und ohne Mutter auskommt.

Wer keinen Platz für eine kleine Eselherde hat wie wir, könnte das Fohlen der Mutter jetzt ohne Schwierigkeiten wegnehmen. Momo darf aber bei uns bleiben!

Eselkinder werden oft noch viel früher von der Mutter getrennt und verkauft, nämlich schon mit vier Monaten. So lange sollten sie mindestens Muttermilch bekommen. Unsere Momo saugte noch Milch, bis sie ungefähr sechs Monate alt war.

Die lieben Verwandten

Esel sind deutlich trittsicherer als Pferde. Besonders im Gebirge erweisen sie sich als schwindelfrei, genügsam und extrem belastbar.

Schon seit seiner Haustierwerdung tritt der Esel als schwer beladenes Arbeitstier auf. In manchen Ländern ist er das auch heute noch:
In Spanien zum Beispiel, wo er den Karren samt dem Bauern zieht, wie dieser Spanische Riesenesel. In Arabien dient der Esel als Reit- und Tragtier.

Auch in Teilen Südeuropas und Asiens nimmt man den gutmütigen Esel, um ins nächste Dorf zu gelangen - und nicht den Bus oder das Auto!

Die Ahnen unserer Hausesel sind in ihrer Heimat nur noch sehr spärlich vertreten. Wir können sie fast nur noch im Zoo bewundern, wie diese prächtigen Somali-Wildesel *(links)*.
Insgesamt gesehen ist die Zahl der Esel im Süden Europas stark gesunken.

Mancherorts entstanden sogar Tierheime für misshandelte Esel. Wir können nur hoffen, dass Menschen endlich lernen, respektvoller mit Tieren umzugehen!
Esel und Pferde sind sehr nahe miteinander verwandt. Deshalb lassen sie sich miteinander kreuzen.

Aus Eselmann und Pferdefrau
wird es ein Maultier, ganz genau!
Aus Eselin und Pferdemann
Maulesel es nur geben kann.

Wenn ein Eselhengst sich mit einer Pferdestute paart, wird ihr Fohlen ein Maultier, ein Muli (unten links).
Das Fohlen von Pferdehengst und Eselstute ist ein Maulesel *(rechts)*.

Muli und Maulesel sind unfruchtbar und können keinen Nachwuchs bekommen.
Sogar viele Erwachsene verwechseln Maultier und Maulesel und wissen nicht, von welchen Eltern sie stammen.Vielleicht helfen dir die beiden Verse als »Eselsbrücke«:

Auch das Zebra mit dem gestreiften Fell ist ein naher Verwandter von Pferd und Esel. Alle Pferdeverwandten sind Einhufer. Im Lauf ihrer langen Entwicklungsgeschichte verkümmerten die ursprünglichen Zehen. Nur die Mittelzehen, die in einem Huf enden, sind noch voll entwickelt. Die Hufe entsprechen

den Nägeln unserer Mittelfinger und Mittelzehen. Einhufer bewegen sich in drei Gangarten: im Schritt, im Trab und im Galopp. In freier Wildbahn leben sie meist in Herden. Es sind äußerst wachsame Tiere, die hervorragend hören und riechen. Bei aller Gemeinsamkeit gibt es auch Unterschiede: Zum Beispiel wird eine Pferdeherde von einem starken Hengst angeführt. Bei den Wildeseln wacht eine Stute über die Herde. Eselkinder sind früher selbstständig und wachsen schneller als Pferdekinder. Sie sind schon mit zwei Jahren so groß wie die Eltern.

Esel verdienen und brauchen viel Liebe, die wir ihnen gerne geben. Sie schenken uns dafür Vertrauen und werden für Groß und Klein zu guten Freunden und Gefährten. Sie widerlegen damit den schlechten Ruf, den sie bei vielen Menschen leider immer noch haben. Du weißt inzwischen, wie schlau, anhänglich und zutraulich die hübschen »Langohren« sind.Wenn wieder einmal jemand als »dummer, störrischer Esel« beschimpft wird, dann kannst du darüber nur lachen. Und auch darüber, dass sie gar noch für die »Eselsohren« verantwortlich sein sollen, die du womöglich aus Versehen ins Buch geknickt hast!

Unsere weiteren Fotosachbücher: brillant, informativ,

978-3-930038-45-9

978-3-930038-13-8

978-3-930038-24-4

978-3-930038-17-6

978-3-930038-74-9

978-3-930038-15-2

978-3-930038-04-6

978-3-930038-64-0

978-3-930038-90-9

978-3-930038-38-1

978-3-930038-67-1

978-3-930038-25-1

978-3-930038-87-9

978-3-930038-46-6

978-3-930038-47-3

978-3-930038-63-3

978-3-930038-31-2

978-3-930038-36-7

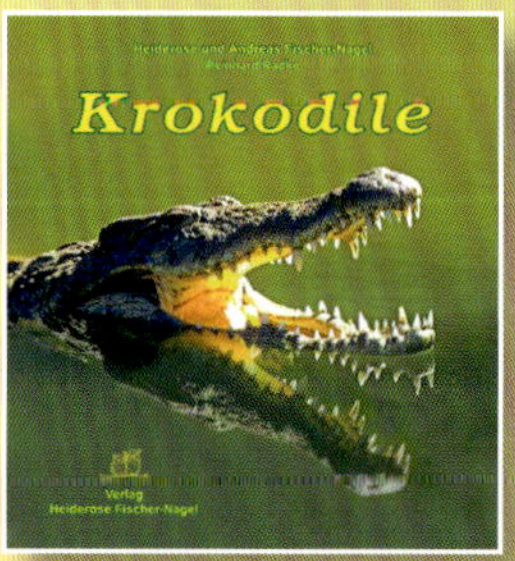

978-3-930038-35-0

978-3-930038-73-2

In Ihrer Buchhandlung oder Verlag Heiderose Fischer-Nagel, Brunnenstraße 7, D-34286 Spangenberg-